THE MEAT DISH

バル的スマート肉レシピ

李朝園 **吉川創淑** 著

バル的スマート肉レシピ

THE ME

Rice & Noodle
~ご飯＆麺~

68

Extra Recipe
Salad
~サラダ~

80

Asian Food 92
~特選アジア食材~

Contents 目次

AT DISH

Appetizer

〜前菜〜

ゆっくり味わえる煮込みや揚げ物、
程よく小腹を満たしてくれる軽食などを、
赤身肉だけでなくホルモンも使って
幅広いバリエーションでご用意しました。

コンビーフと紫キャベツの
サンドイッチ

コンビーフと紫キャベツの
サンドイッチ

手作りのコンビーフは、適度な歯ごたえと驚くほど濃厚な旨み。
色味鮮やかな紫キャベツのピクルスと合わせると、洒落た前菜になります。

材料
（4人分）

コンビーフ
牛肉（モモ肉などの赤身）…1kg
岩塩…50g（肉重量の5%）

Ⓐ
玉ネギ（ざく切り）…1/2個
砂糖…30g
ローリエ…3枚
粒コショウ（黒）…小さじ1
水…800㎖

紫キャベツのピクルス
紫キャベツ…200g
塩…小さじ1/2
●甘酢
酢…150㎖
砂糖…50g
水…200㎖
粒コショウ（黒）…5粒
ローリエ…1枚

食パン（8枚切り）…4枚
無塩バター・マスタード…各適量

Ⓑ
ニンジン（せん切り）・塩・
EXVオリーブ油…各適量

肉の旨みに負けないよ
う、全粒粉やライ麦など
風味の強いパンを合わ
せるのがおすすめです。

作り方

コンビーフを作る

1 牛肉を大きめのひと口大に切る。岩塩をすり込み、15分おく。

2 1を混ぜ合わせた❹と共にバットに入れ、冷蔵庫で7日間寝かせる。

3 2の牛肉を取り出し、水で洗ってキッチンペーパーで拭く。

4 3を圧力鍋に入れて水をひたひたに加え、50分煮る。(または鍋で3時間煮る。)

5 4の牛肉を取り出し、熱いうちに細かくほぐす。※冷蔵で約2週間保存可能。

紫キャベツのピクルスを作る

6 紫キャベツを太めのせん切りにする。

7 塩をまぶし、水分が出てしんなりするまでおく。煮沸消毒した清潔な容器に移し、ひと煮立させて粗熱をとった甘酢を注ぐ。冷蔵庫で1〜2日漬ける。※冷蔵で約2カ月保存可能。

仕上げ

8 食パンに室温に戻した無塩バター、マスタードを塗り、水気を切ったたっぷりの**7**、**5**、混ぜ合わせた❽を順に挟む。ラップで包んで1時間ほどおき、食べやすい大きさに切る。

2

バットでなく密閉袋でもOK。じっくり漬けることで肉の旨みが増して、繊維もやわらかくなります。

7

程よい太さがあった方が、シャキシャキとした歯ごたえを愉しめます。

牛肉の炙りカルパッチョ
イチゴソース

イチゴの甘く爽やかな酸味が、牛ロースの脂をさっぱり洗い流します。
ほんのりラム酒を香らせて、少し大人っぽいテイストに仕上げました。

材料
（4人分）

牛ロース肉（スライス）…4枚（約280g）
塩・黒コショウ…各少々
ラム酒…大さじ2

イチゴソース

- A
  - イチゴ（角切り）…大8個（約200g）
  - ニンニク（すりおろし）…8g
  - バジル…8枚
  - 白ワインビネガー…大さじ2と1/2
  - EXVオリーブ油…大さじ2と1/2
  - 塩・黒コショウ…各少々

作り方

1 ボウルに❹を混ぜ合わせ、イチゴソースを作る。
2 耐熱皿もしくは焼き網に牛ロース肉を広げて塩・黒コショウを振り、ラム酒を回しかける。バーナーで牛ロース肉を炙って皿に盛り、**1**をかける。

バジルは手でちぎった方が香りが立ちます。イチゴは存在感を出したいので大きめに切りましょう。

焼きすぎると肉が硬くなります。なるべく薄切りにしたものをサッと炙るのがコツです。

Appetizer ～前菜～

09

豚肉のリエット

程よく食感を残したリエットは、シンプルだけど奥深い味わい。
韓国調味料・牛ダシダの旨みを加え、よりお酒に合う味にしました。

材料
(作りやすい分量)

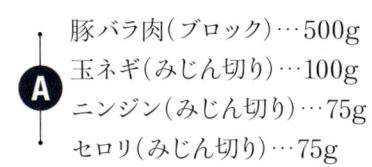

A 豚バラ肉(ブロック)…500g
玉ネギ(みじん切り)…100g
ニンジン(みじん切り)…75g
セロリ(みじん切り)…75g

塩・黒コショウ…各適量
牛ダシダ(韓国の顆粒スープの素。コンソメでも代用可)…5g

作り方

1 ❹を鍋に合わせてひたひたに水を入れ、中火
で3時間煮込む。

2 1に塩・黒コショウ・牛ダシダを加える。

3 2の煮汁を、量を見つつ少しずつ加えながらミ
キサーにかけてペースト状にする。
※冷蔵で約1カ月保存可能。

> 加える煮汁は500㎖前後
> が目安です。冷えると肉の
> 脂で固まるので、少しトロ
> ッとした状態でOK。

Appetizer 〜前菜〜

砂肝のコンフィ

コリコリッとした独特の歯ごたえにハマる、砂肝のやわらかなオイル煮。
ニンニクとマスタードシードを利かせた少しエスニックなテイストです。

材料
(4人分)

鶏砂肝…250g

Ⓐ
- 塩…大さじ1/4(鶏砂肝の1.5%重量)
- 白コショウ…少々
- ニンニク(みじん切り)…2〜3片分
- EXVオリーブ油…大さじ1と1/2
- 黒コショウ…少々
- マスタードシード…小さじ1/2

サラダ油…適量

Appetizer 〜前菜〜

作り方

1 ボウルに鶏砂肝を入れてⒶを加え、しっかりと揉み込む。ラップをして冷蔵庫にひと晩おく。

2 1を鍋に移してかぶるくらいのサラダ油を注ぎ、ごく弱火にかける。小さな気泡が立つぐらい(約90℃)をキープしながら、1時間オイル煮にする。

3 粗熱をとって煮沸消毒した保存容器に入れる。
※冷蔵で約1カ月保存可能。食べる分だけ直火対応の耐熱容器に移し、オイルごと温めていただく。

> サラダ油をEXVオリーブ油に替えて作ると、より軽やかで香りよく仕上がります。

牛ハツのバルサミコソテー

弾力ある牛のハツ（心臓）は、噛むごとに旨みが広がる深い味わい。
仕上げにバターを加えて、より濃厚に仕上げました。

材料
（4人分）

牛ハツ…200g
バルサミコ酢…50mℓ
塩・黒コショウ…各適量
無塩バター…20g

Appetizer 〜前菜〜

煮込みすぎるとハツが硬くなります。バルサミコ酢にとろみがついてハツに絡んだら出来上がりの目安です。

作り方

1 牛ハツをひと口大に切る。

2 フライパンに無塩バター10gを溶かし、**1**を加えて中火で焼き、塩、黒コショウをする。

3 バルサミコ酢を加えて弱火で煮る。

4 塩・黒コショウで調味し、無塩バター10gを加えてよく混ぜ合わせる。

塩気がほしい場合は有塩バターを使うのもおすすめです。

鶏レバーペースト コチュジャン風味

玉ネギの甘みにコチュジャンの辛みを添えて個性を出した特製レバーペースト。
バゲットにたっぷり塗るほか、パスタと和えても抜群ですよ!

材料
（作りやすい分量）

鶏レバー…330g
玉ネギ…1個
コチュジャン(P94参照)…60g
生クリーム…30mℓ
水…適量
EXVオリーブ油…15mℓ
バゲット・ローズマリー…各適量

作り方

1 フライパンにEXVオリーブ油を熱し、鶏レバー、スライスした玉ネギを中火で炒める。玉ネギがしんなりしてきたらコチュジャン、生クリームを加える。

2 ひたひたになるまで水を加え、水気がほとんどなくなるまで中火で30分ほど煮詰める。ミキサーにかけてペーストにし、粗熱をとる。※冷蔵で約1カ月保存可能。

3 器に盛り、厚さ1.5cmほどにスライスしたバゲットを添えてローズマリーを飾る。

玉ネギを焦がさないよう、じっくり時間をかけて炒めて甘みを引き出しましょう。

鶏レバーペーストは冷凍保存も可能です。3カ月ほどは日持ちしますよ。

チーズ４種と厚切りベーコンのチヂミ

パルメザンチーズやブルーチーズなど４種のチーズを贅沢に使った洋風チヂミ。
表面はカリッとして中モチモチ。ビールのつまみに最適な一品です。

材料
(2枚分)

A
- ベーコン…50g
- モッツァレラチーズ…30g
- ブルーチーズ…30g
- カマンベールチーズ…30g
- パルメザンチーズ(粉)…10g

B
- チヂミ粉(P94参照)…100g
- 卵…1個
- 水…160mℓ

サラダ油…適量
黒コショウ…適宜

1

チーズ類は溶けやすいように細かく、ベーコンは存在感を出したいので1cm角程度のやや大きめに刻みましょう。

作り方

1 **A**を刻む。

2 **1**、**B**をボウルに合わせ、しっかりと混ぜ合わせる。

3 フライパンにサラダ油を入れて中火で熱し、**2**を薄く広げる。中火できつね色になるまで焼き(約3分)、裏返して両面がきつね色になるまで焼く(約2分)。

4 **3**を食べやすい大きさに切って器に盛り、好みで黒コショウを振る。

3

縁のあたりが色付いて中央がポコポコと膨らんできたら、裏返すタイミングです。

Appetizer ～前菜～

牛ホルモンの赤ワイン煮込み

赤ワインをベースにして甘辛く煮込んだ、いわば洋風モツ煮込み。
コチュジャンを隠し味に加えてちょっとほっこりする味に仕上げました。

材料
(4人分)

牛ホルモンミックス(赤センマイ、シマチョウなど)…300g
牛スネ肉や牛スジ肉…計200g
玉ネギ…1/4個
ニンジン…1/4本
バター…20g
サラダ油…適量

A
赤ワイン…100mℓ
水…100mℓ

B
酒…50mℓ
みりん…40mℓ
醤油…大さじ1
コチュジャン(P94参照)…大さじ2

Appetizer 〜前菜〜

作り方

1 牛ホルモンミックス、牛スネ肉、牛スジ肉を沸騰した湯で5分ほど茹でこぼす。

> 下茹ですることでホルモン独特の臭みをしっかり取り除きます。

2 鍋にサラダ油を熱し、みじん切りした玉ネギ、ニンジンを炒める。

3 しんなりしたら**1**、**A**を加えて強火にかける。沸騰したら**B**を加えて弱火に変え、2時間ほど煮込む。

4 仕上げにバターを加え混ぜ、器に盛る。

> バターはなるべくいただく直前に。風味よく仕上がります。

豚足の煮こごり パクチーソース

じっくり炊いた豚足のゼラチン質を生かして冷製テリーヌに。
香味豊かなパクチーソースは、最近流行りの味わいです。

材料
(4人分)

豚足…2本(約800g)

A
味噌…大さじ1
酒…50㎖
ローリエ…1〜2枚
粒コショウ(白)…大さじ1/2

豚足は生でなくボイルしたものを使うと、1〜2の工程を省けます。

B
水…600㎖
酒…大さじ2
白ネギ…1/2本
ニンニク…2片
ショウガ(スライス)…4枚
塩…大さじ1/2

パクチーソース
パクチー…15g
ニンニク(すりおろし)…小さじ1/2
白ワインビネガー…10㎖
EXVオリーブ油…50㎖
塩…適量

4

塩分は好みに合わせて調節を。パクチーソースは野菜サラダや茹で鶏にも使えますよ。

作り方

1 豚足を水に浸し、1時間血抜きする。

2 1、Aを鍋に合わせて水をひたひたに入れ、中火で1時間煮る。

3 2の豚足を取り出して流水で洗って縦半分に切り、Bと共に鍋に入れ、中火で1時間煮る。

4 パクチーソースの材料をフードプロセッサーにかけ、ペースト状にする。

5 3の煮汁を漉し、3の豚足は骨を外して薄くスライスする。煮汁と共にバットに移し、冷蔵庫で冷やし固める。厚さ2㎝に切って器に盛り、4をかける。

5

やわらかくて崩れやすい煮こごりは、冷凍してから切るとキレイに切ることができます。

牛挽き肉と赤インゲン豆の ピリ辛煮込み

ピリリと辛いメキシコ料理の定番煮込み・チリコンカンです。
クリームチーズやアボカドを添えてもおいしいですよ。

材料
（4人分）

牛挽き肉…350g
赤インゲン豆（缶詰）…正味200g
塩…小さじ1
コショウ…少々

A
玉ネギ（1cm角切り）…250g
セロリ（1cm角切り）…50g
ニンニク（みじん切り）…1/2片

B
トマト（ざく切り）…2個
ホールトマト…225g
赤唐辛子（P95参照）…1本
カイエンペッパー…小さじ1

C
水…400㎖
塩…小さじ/2
ローリエ…1枚

塩…適量
EXVオリーブ油…適量
パクチー・紫玉ネギ…各適量
トルティーヤチップス…適宜

作り方

1 フライパンにEXVオリーブ油を熱し、牛挽き肉を強火で炒めて塩・コショウする。

2 ❶を加えて炒め、玉ネギがしんなりしたら❷を加えて炒め煮る。

3 赤インゲン豆、❸を加え、中火で30分ほど煮込む。

4 塩、EXVオリーブ油を加えて器に盛り、ざく切りしたパクチー、スライスした紫玉ネギ、トルティーヤチップスを添える。

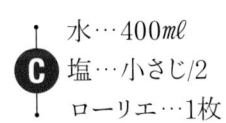
肉の脂が大量に出ます。多すぎる場合はキッチンペーパーなどで拭いて減らしましょう。

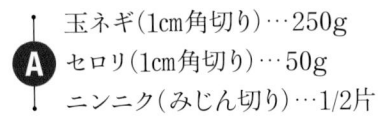
赤インゲン豆はサッと茹でこぼすと、缶詰独特のにおいが取れます。

トリッパの白ワイン煮込み
レモンソース

トリッパとは、牛の胃袋・ハチノスのこと。ふわふわとした食感が特徴です。
ほろ苦いレモンソースが夏らしい爽やかな味わい。よく冷えた白ワインとどうぞ。

材料
(4人分)

ハチノス…500g	**レモンソース**
玉ネギ…1/2個	レモン汁…1/2個分
ニンニク…1/2片	レモンの皮…1/2個分
白ワイン…250㎖	パセリの葉…1本分
水…1ℓ	ニンニク(すりおろし)…大さじ1
ローリエ…2枚	EXVオリーブ油…50㎖
EXVオリーブ油…15g	
無塩バター…25g	
塩・黒コショウ…各少々	

1

レモンはできれば国産のものを選び、表面をしっかりこすり洗いしてから使いましょう。

作り方

1 レモンソースの材料をブレンダーにかけてペースト状にする。

2 沸騰した湯にハチノスを入れてやわらかくなるまで中火で約3時間茹でる。ザルに上げて粗熱をとり、ひと口大に切る。

3 フライパンにEXVオリーブ油を熱し、みじん切りにした玉ネギ、ニンニクをしんなりするまで炒める。

4 白ワイン、水、ローリエ、**2**を加えて約2時間煮込む。

5 水分が煮詰まったら無塩バターを加えて混ぜ合わせ、塩、黒コショウで味を調える。

6 器に盛り、**1**をかける。

4

白ワインはキリッとした重すぎない辛口タイプがおすすめです。

牛モモ肉の韓国風ピカタ

韓国ではジョンと呼ばれる卵衣の付け焼き。ふわりとした食感がクセになります。
卵黄を溶き絡めたピリ辛のネギサラダと共にお愉しみください。

材料
（4人分）

牛モモ肉（ブロック）…300g
塩・コショウ…各少々
薄力粉…大さじ2
溶き卵…2個
卵黄…2個分
こめ油…適量

ネギサラダ
白髪ネギ…160g

Ⓐ
酢…大さじ1
塩…小さじ1/2〜1
すりゴマ…大さじ2
ゴマ油…大さじ1
粉唐辛子（P94参照）…小さじ1

作り方

1 牛モモ肉を厚さ4mmにスライスし、塩・コショウ
を振る。

2 1の両面に薄力粉を薄くまぶし、溶き卵にくぐらせ
る。

3 中火で熱したフライパンにこめ油を引き、2の両面
を焼く。

4 白髪ネギをⒶで和え、ネギサラダを作る。

5 器に3を盛って4を添え、卵黄をのせる。

こめ油を使うことで、あっさりとしたクセのない風味になります。

粉唐辛子の量はお好みで調節してください。

Appetizer 〜前菜〜

29

タルタル風ローストビーフ

角切りしたローストビーフをキムチと合わせたユニークな前菜。
ワインにも日本酒にも合い、またクラッカーにのせてもお洒落です。

材料
（4人前）

牛モモ肉…320g
白菜キムチ(P94参照)…120g
ラディッシュ…4個
塩・コショウ…各適量
サラダ油…大さじ1

エゴマ油…大さじ2
醤油…大さじ2
ワサビ…小さじ1

作り方

1 牛モモ肉に塩・コショウを多めに振り、30分ほど
　おく。

2 フライパンにサラダ油を熱し、**1**を入れて表面に焼
　き色をつける。

3 アルミ箔で包んで30分ほどおく。

4 粗熱がとれたら冷蔵庫で冷やす。

5 角切りした**4**、粗みじん切りにして水気を絞った
　白菜キムチ、5mm角に切ったラディッシュをボウル
　に合わせて**A**で和え、器に盛る。

> 余熱で優しく火を入れることで、肉はやわらかいままに緋色の美しい断面に仕上がります。

> 水っぽくならないように白菜キムチの水気はきつめに絞りましょう。

トリッパの唐揚げ

ニンニクとショウガをガツンと利かせた、おつまみ的フライドホルモン。
レモンをたっぷり絞って香味爽やかなパクチーと共にどうぞ！

材料
（4人前）

ハチノス…350g

A
醤油…大さじ3
みりん…大さじ2
ニンニク(すりおろし)…大さじ1/2
ショウガ(すりおろし)…大さじ1
塩・コショウ…各少々

片栗粉・揚げ油…各適量
レモン・パクチー…各適量

Appetizer 〜前菜〜

作り方

1 沸騰した湯にハチノスを入れてやわらかくなる
まで約3時間茹でる。粗熱をとり、ひと口大に
切る。

2 1の水気を切ってボウルに移し、🅐を揉み込ん
で数時間おく。

3 2の水気を切って片栗粉をまぶし、180℃に熱
した揚げ油で揚げる。

4 器に盛り、くし切りしたレモン、ざく切りしたパ
クチーを添える。

できれば冷蔵庫に入れ
てひと晩寝かせると、味
がよく馴染んで、よりまろ
やかに仕上がります。

辛いのがお好みの場合
は、揚げたてに中粗唐辛
子を絡めるのもおすすめ
です。

Soup

～スープ～

野菜やキノコ、穀類をたっぷり使って、
肉の旨みをしっかり感じつつも重すぎない、
身体が喜ぶ滋味深い味わいに。
朝食や夜食にも役立つレシピ揃いです。

牛ホルモンの
オニオングラタン
スープ

牛ホルモンの
オニオングラタンスープ

玉ネギの甘みと牛ホルモンの旨みが溶け込んだスープがたまらないおいしさ！
寒い日に芯から身体を温めてくれます。

材料
（4人分）

シマチョウ、赤センマイ（ギアラ）…計300g
玉ネギ…4個
トマト…100g
バゲット（スライス）…8枚
バター…60g
塩・コショウ…各適量
コンソメ…1.2ℓ
チーズ（細切りタイプ）・パセリ…各適量

脂身が多くて旨みが出るシマチョウ、コリコリとして歯ごたえのいい赤センマイの2部位を使うのがポイントです。

コンビーフ（P5参照）の煮汁を使ってもおいしく作れます。

作り方

1 フライパンにバターを熱し、スライスした玉ネギを中火であめ色になるまで炒める。

2 コンソメを加えてアクを取りながらひと煮し、角切りしたトマトを加える。

3 よく熱したフライパンでシマチョウ、赤センマイを中火でこんがり焼き、**2**に加える。塩・コショウで味を調える。

4 耐熱皿に**3**を注ぎ、バゲットを浮かべてチーズをたっぷりのせる。230℃に予熱したオーブンでチーズに焦げ目が付くまで15分ほど熱し、みじん切りしたパセリを散らす。

玉ネギは炒めるほどに甘みが増します。触りすぎず、焦げないよう時折混ぜるのがコツです。

かなり脂が出ます。そのままではくどくなるので、キッチンペーパーで吸い取りましょう。

コンビーフの松の実スープ

栄養豊富な松の実を贅沢に使ったスープは、独特の香ばしさと甘みがあります。
夏は冷やして、冬は温めてお召し上がりください。

材料
(4人分)

コンビーフ(P5参照)…120g
松の実…1カップ

A
水…4カップ
砂糖…大さじ1
塩…小さじ2
酢…大さじ1/2

松の実(飾り用)…適量

作り方

1 松の実をフライパンで乾煎りする。

2 1、**A**をなめらかになるまでミキサーにかけ、ひと煮立ちさせる。

3 器に **2** を注ぎ、コンビーフを加えて松の実(飾り用)を散らす。

Soup ～スープ～

表面に脂が浮いて照りが出てきたら後は余熱で充分。焦がすと苦みが出るので注意しましょう。

しっかり加熱することで、冷蔵で3日ほど日持ちするようになります。

ケールのカルビスープ

青汁でも有名なスーパーフード・ケールたっぷりのヘルシースープ。
少しとろりとした食感が印象的で、ちょっとクセになる味わいです。

材料
(4人分)

牛カルビ肉(ブロック)…500g
ケール…1束(約70g)

Ⓐ
砂糖…15g
中粗唐辛子(P94参照)
…大さじ1/2
粉唐辛子(P94参照)…大さじ1/2
ニンニク(すりおろし)…大さじ1/2
濃口醤油…30㎖
酒…30㎖
みりん…30㎖
水…750㎖

Ⓑ
ヤンニョンジャン(P94参照)…30g
醤油…大さじ1
塩・コショウ…各少々

水…800㎖

作り方

1 牛カルビ肉を100gサイズにカットし、1時間水に浸けて血抜きをする。

> しっかり血抜きするのが、臭みのないスープに仕上げる重要なポイントです。

2 1の水気を切ってひと口大に切り、Ⓐと共に鍋に合わせる。アクをとりながら中火で1時間30分ほど煮込む。

3 Ⓑを加えて、しっかり溶かし混ぜ、中火で20分煮込む。

4 ケール、適量の煮汁を合わせてミキサーやブレンダーなどでペースト状にし、鍋に加えて器に盛る。

> ケールの量を増やすほど、とろみが増してキレイな緑色になります。好みで調整してください。

ビーツ入り牛スネ肉スープ

ホロホロに煮込んだ牛スネ肉のだしとビーツを組み合わせた緋色のスープ。
根菜らしい優しい甘みにヤンニョンジャンの辛みを添えたコリアンテイストです。

材料
(4人分)

牛スネ肉…300g
ビーツ…200g
水…2ℓ
長ネギ(青い部分)…1本
玉ネギ…1/2個

Ⓐ
ゼンマイ(水煮)…100g
ヤンニョンジャン(P94参照)…65g
ニンニク(すりおろし)…10g
ショウガ(すりおろし)…小さじ1/2
醤油…大さじ1
コショウ…少々

> 牛スネ肉が手に入りにくい場合は、牛スネ肉など色々な部位が入ったカレー用の煮込み肉を角切りして代用してください。

Soup ～スープ～

作り方

1 牛スネ肉を茹でこぼし、水と共に鍋に戻して長ネギ、ざく切りした玉ネギを加える。アクを取りながら中火で50分煮る。

2 ザルで漉し、煮汁にⒶを加えてひと煮する。牛スネ肉は熱いうちに3mm厚さに切る。

3 ビーツをざく切りして2の漉した煮汁適量と共にブレンダーやミキサーでペースト状にし、2のひと煮した煮汁に加える。

4 2の牛スネ肉を3に戻し入れてひと煮し、器に盛る。

参鶏湯風黒米スープ

サムゲタン

韓国定番の薬膳料理・参鶏湯を丸鶏ではなく手羽先に替えて作りやすくアレンジ。
モチモチとした黒米を混ぜてよりコク深く仕上げた、"食べる"スープです。

材料
（4人分）

A
- 手羽先…8本
- ニンニク…2片
- 水…3ℓ

もち米…1/2カップ
黒米もち米…1/2カップ
高麗ニンジン(生)…1本
ナツメ…4粒
塩・コショウ…各適量

作り方

1 もち米は1時間、黒米もち米は2時間以上水に浸け、水切りしておく。

2 鍋に❹を合わせてひと煮立たちさせる。**1**、高麗ニンジン、ナツメを加えて弱火で50分煮て、塩・コショウで味を調える。

3 **2**の手羽先を取り出して骨を取り除き、器に盛る。**2**の残りを注ぐ。

1

黒米は白米より吸水しにくいので、長めに浸水しましょう。

2

煮すぎるとスープではなく粥になってしまうので、できるだけ出来立てをお召し上がりください。

Soup ～スープ～

コンビーフとマッシュルームのスープ

コンビーフを浮き実にした、味も香りも濃厚なクリームスープ。
パスタに絡めてスープパスタ風に仕立てても喜ばれますよ。

材料
(4人分)

コンビーフ(P5参照)…120g

マッシュルームのスープ
マッシュルーム(白。スライス)…300g
玉ネギ(スライス)…200g
バター…100g

Ⓐ
　生クリーム…50㎖
　牛乳…50㎖
　コンビーフの煮汁(P5参照。コンソメで代用可)…200㎖

塩・黒コショウ…各適量
トリュフオイル…大さじ1/2

作り方

1 フライパンにバターを溶かし、マッシュルーム、玉ネギをしんなりするまで中弱火で炒める。

2 Ⓐを加えて15分ほど中火で煮る。粗熱をとってミキサーなどでピューレ状にし、塩で味を調える。

3 器の中央にコンビーフを高く盛り、その周囲から静かに**2**を注ぐ。黒コショウを振り、トリュフオイルを垂らす。

> コンビーフの煮汁をコンソメで代用する場合は、味見をしてから塩を足してください。

豚スペアリブと ジャガイモのピリ辛スープ

韓国ではカムジャタンと呼ばれる、ジャガイモが主役のスープ。
隠し味のナンプラーで旨み倍増！ 仕上げのエゴマ粉は多いほどおいしいですよ。

材料
(4人分)

豚スペアリブ（茹でこぼしたもの）…800g
ジャガイモ…4個
水…1.5ℓ

A
コチュジャン（P94参照）…大さじ3
合わせ味噌…大さじ2
中粗唐辛子（P94参照）…大さじ2
ニンニク（すりおろし）…大さじ1と1/2
ショウガ（すりおろし）…大さじ1/2
薄口醤油…大さじ1
ナンプラー…大さじ2

エゴマ粉…大さじ5
エゴマの葉…各適量

田舎味噌をベースに赤味噌を適量加えてください。白味噌は甘くなりすぎるので避けましょう。

Soup 〜スープ〜

作り方

1 鍋に**A**を合わせ、よく混ぜ合わせてから水を少しずつ加えて溶かす。

2 1に豚スペアリブ、半分に切ったジャガイモを加え、中火で50分煮る。

3 器に盛って刻んだエゴマの葉を盛り、エゴマ粉をたっぷりかける。

Main

～主菜～

心躍るボリュームたっぷりの肉料理は、
気取りすぎない少しラフなスタイルで。
賑やかに愉しむのが似合うので、
シェアしながらいただくのがおすすめです。

韓国風フライドチキン

韓国風フライドチキン

最近日本でも爆発的人気のハニーマスタードとコチュジャン風味のチリソース。
個性豊かな甘辛ソースはハチミツのコクのある甘みがポイントです。

材料
（4人分）

鶏モモ肉…360g
塩…2g
コショウ…少々
ショウガ汁…小さじ1
Ⓐ 片栗粉…大さじ2
薄力粉…大さじ1

ハニーマスタードソース
粒マスタード…大さじ1
マスタード…大さじ1
ハチミツ…大さじ1

スイートチリソース
スイートチリソース…大さじ1
コチュジャン（P94参照）…大さじ1
水…大さじ2
ハチミツ…大さじ1

リーフレタス・カシューナッツ…各適量

作り方

1　鶏モモ肉に塩・コショウをしてショウガ汁を揉み込み、混ぜ合わせた🅐をまぶす。

2　170℃に熱した揚げ油でキツネ色になるまで**1**を揚げる。

3　粒マスタード、マスタードとハチミツをボウルに合わせ、**2**の半量を絡める。

4　スイートチリソースの材料すべてをフライパンに合わせて中火にかける。ひと煮立ちしたら**2**の残りを加えて絡める。

5　器にリーフレタスを敷いて**3**を盛る。隣に**4**を盛り、粗く砕いたカシューナッツを振る。

3

甘めが好きな場合は、ハチミツを増やしてください。熱いうちに絡めた方が味が馴染みます。

4

粘度があって絡みにくいスイートチリソースは、刷毛を使うとよく絡みます。

Main-❷

牛カルビのトロピカルグリル

パイナップルやリンゴのフルーティーな甘みがおいしさの秘密。
ハサミで豪快に切りながらいただく韓国スタイルでお愉しみください。

材料
（4人分）

牛カルビ肉（骨付き）…500g

揉みダレ

A
- 醤油…300㎖
- 水…50㎖
- 黒砂糖…80g
- 水あめ…80g
- 酒…大さじ1

B
- パイナップル（缶詰）…50g
- リンゴ…1/2個
- 玉ネギ…1/4個
- 白ネギ…1/2本
- ニンニク…2かけ
- ショウガ…10g

コショウ…少々
ゴマ油…大さじ3
レタス…適量

漬け込んだ状態のまま、冷凍保存も可能。作り置きにも便利なレシピです。

作り方

1 **A**をひと煮立ちさせ、粗熱をとる。

2 **B**をミキサーにかけてペースト状にする。

3 1、2をボウルに合わせ、コショウ、ゴマ油を加える。
   ※揉みダレは冷蔵で2週間保存可能。

4 3の揉みダレ60㎖をバットに入れた牛カルビ肉に揉み込み、冷蔵庫で2日ほど漬ける。

5 熱したフライパンで牛カルビ肉の両面を強火で焼き、器に盛ってレタスを添える。

骨周りが焼けにくいので、強火でしっかり火を通してください。

茹で豚のアミエビソース

しっとりやわらかな茹で豚には、梅エキスでコクを増した旨辛アミエビソースが最適。
エゴマの葉でくるりと巻いて気取らず手でお召し上がりください。

材料
（4人分）

豚バラ肉（ブロック）…600g
塩…小さじ2
 白ネギ…1/2本
ショウガ（スライス）…30g
粒コショウ（黒）…10粒

アミエビソース
アミエビの塩辛（細かく刻み、汁気を切る）…30g
白ネギ…1/3本（約60g）
青唐辛子（みじん切り）…1本
赤唐辛子（P95参照。みじん切り）…1/2本
酢…大さじ1と1/2
梅エキス（P95参照）…大さじ1
ゴマ油…小さじ1
中粗唐辛子（P94参照）…小さじ1

エゴマの葉（P95参照）…適宜

> アミエビの塩辛はデパートや韓国食材店などで購入可能。冷凍保存がおすすめです。

作り方

1 豚バラ肉の表面に塩をすり込んで1時間ほどおき、❹と共に鍋に入れてひたひたになるまで水を加える。強火にかけて沸騰したら中火に替え、50分煮る。

2 1の豚バラ肉の粗熱をとり、厚さ1cmに切る。器に盛り、エゴマの葉を添える。

3 アミエビソースの材料を混ぜ合わせ、2にかける。

> 可能であれば、塩をすり込んでから冷蔵庫でひと晩おきましょう。よりしっとり仕上がります。

タコキムチとチャンジャの海鮮ハンバーグ

タコキムチとチャンジャを使うことで一切の味付けが不要に。
魚介独特のプリプリとした食感が魅力的です。お好みでラー油を付けて。

材料
(各4個分)

タコキムチハンバーグ
合挽肉…400g
タコキムチ(P94参照)…100g
卵…1個
パン粉…30g

チャンジャハンバーグ
合挽肉…400g
チャンジャ(P95参照)…100g
卵…1個
パン粉…30g
ガーリックチップス…適量

玉ネギ…1/2個
サラダ油…適量
クレソン…適宜
ラー油(P95参照)…適量

Main 〜主菜〜

作り方

1 タコキムチハンバーグ、チャンジャハンバーグ各々の材料をボウルに合わせ、軽く粘りが出るまで混ぜ合わせる。

2 それぞれ10cm大の俵型に整え、サラダ油を熱したフライパンで両面を強火で焼き固める。

3 天板に厚切りした玉ネギを敷いて**2**をのせ、190℃に予熱したオーブンで20分焼く。

4 **3**を器に盛ってクレソンを添え、チャンジャハンバーグにはガーリックチップスをのせる。別皿に入れたラー油を添える。

> 肉の食感や魚介のむっちり感を活かしたいので、こねすぎないようにしましょう。

> オーブンでじっくり火入れすることでジューシーな焼き上がりに。皮付きのジャガイモを一緒に焼いてもおいしいです。

チーズダッカルビ

インスタ映えで人気に火が付いた、ピリ辛味の韓国式鶏焼肉。
トロトロに溶けた熱々チーズがクセになるおいしさです。

材料
（4人分）

鶏モモ肉…600g
モッツァレラチーズ…200g
サツマイモ…1/2個
Ⓐ
　玉ネギ（スライス）…1個
　キャベツ（ざく切り）…100g
　トッポギ（P94参照）…100g
エゴマの葉…5枚
赤唐辛子（P95参照）…1本
酒…大さじ1
ショウガ（すりおろし）…小さじ2

ダッカルビソース
コチュジャン（P94参照）…大さじ3
醤油…大さじ1
砂糖…大さじ1と1/2
ニンニク（みじん切り）…大さじ1
ショウガ（すりおろし）…大さじ1/2
ゴマ油…大さじ1
コショウ…小さじ1/2
カレー粉…大さじ1

カレー粉を隠し味に加えることで、食欲をそそる香りが広がります。

作り方

1 ダッカルビソースの材料を合わせておく。

2 鶏モモ肉を食べやすい大きさに切る。酒、ショウガを揉み込み、冷蔵庫に30分ほどおく。

3 2に1の半量を揉み込む。

4 しっかり熱したスキレットで3の表面を強火で焼き、蓋をして蒸し焼きにする。鶏モモ肉に火が通ったらひと口大に切ったサツマイモを加える。

5 サツマイモにほぼ火が通ったら1の残り、Ⓐを加えて火を通す。

6 斜め切りした赤唐辛子、ざく切りしたエゴマの葉を加えてサッと炒める。

7 モッツァレラチーズを上にのせて、チーズが写真のように溶けるよう、中火にかけながらいただく。

30分おくことで味がしっかり馴染み、鶏モモ肉もやわらかくなります。

薄切りラム肉の
粒マスタードドレッシング

ラム肉独特の風味とミントの香味が爽やかな夏らしい味わい。
たっぷりの野菜と共にいただく、サラダ感覚のメイン料理です。

材料
（4人分）

ラム肉（しゃぶしゃぶ用ロース）…300g
キュウリ…1本
塩・コショウ…各少々
ニンニク（みじん切り）…少々
EXVオリーブ油…大さじ2

粒マスタードドレッシング
粒マスタード…大さじ1
ニンニク（みじん切り）…大さじ1/2
EXVオリーブ油…50mℓ
白ワインビネガー…25mℓ
醤油…25mℓ

パクチー・ミントの葉…各適量

Main 〜主菜〜

作り方

1 ラム肉に塩・コショウをし、ニンニク、EXVオリーブ油を絡めて数時間おく。

2 フライパンを熱し、**1**を強火で炒める。

3 ピーラーを使い、キュウリを縦長に薄くスライスする。

4 粒マスタードドレッシングの材料を合わせる。

5 器に**3**を敷いて**2**を高く盛り、パクチー、ミントの葉をたっぷり添えて**4**をかける。

ラム肉が硬くならないよう、手早く火を通します。

キュウリのパリッとした食感を愉しめるよう、なるべく薄く切りましょう。

豚スペアリブのチーズソース

コチュジャンを利かせたこってり甘辛い豚スペアリブにとろとろのチーズを絡めて。
気取らず手づかみでかぶりつくのが、一番おいしい食べ方です。

材料
(4人分)

豚スペアリブ…1kg
チーズ(チェダーチーズなどの伸びるタイプ)…200g
トッポギ(P94参照)…12本
白ワイン…50㎖
酒…150㎖

A
玉ネギ(スライス)…大1/2個
白ネギ(斜め切り)…1本
ニンニク(みじん切り)…大さじ1
ショウガ(スライス)…4枚
コチュジャン(P94参照)…大さじ2
粉唐辛子(P94参照)…大さじ3
水あめ…大さじ4
みりん…70㎖
酒…70㎖
醤油…70㎖
水…800㎖

> 色々な種類が入ったピザ用のミックスチーズを使うのもおすすめです。

作り方

1 鍋に湯をたっぷり沸かして酒を加え、スペアリブを茹でこぼす。

2 1、**A**を鍋に合わせ、中火で約1時間煮る。煮汁が1/3ほどになったらトッポギを加えてやわらかくなるまで煮て、煮汁がほとんどなくなるまで煮詰める。

3 チーズ、白ワインを鍋に合わせて中火にかけて溶かし、**2**を加えてチーズを絡めながらいただく。

> たっぷり酒を入れることで臭みが消え、肉の繊維もやわらかくなります。

Main 〜主菜〜

鶏モモ肉のレモンオイル焼

即席レモンオイルでマリネした鶏モモ肉は、ほんのり酸味が利いた軽やかな味。
すっきりとしたビールや白ワインがよく合いますよ。

材料
(4人分)

鶏モモ肉…2枚(約600g)
塩…少々
白コショウ(粗挽き)…小さじ1/2

A
EXVオリーブ油…100㎖
レモン(スライス)…1個分
バジル…8枚
ローズマリー…1枝

Main 〜主菜〜

1

白コショウをたっぷりすり込むことで、塩分控えめでも食べごたえのある味わいになります。

作り方

1 鶏モモ肉に塩を振って白コショウをすり込み、30 〜 40分おく。

2 1を❹に漬け込み、冷蔵庫にひと晩おく。

3 2の油をしっかり切り、漬けていたハーブやレモンと共に200℃に予熱したオーブンで25 〜 30分焼く。

4 3の鶏モモ肉を器に盛り、レモン、ローズマリーを飾る。

2

残ったレモンオイルは、野菜炒めのほか、一度加熱してから酢と塩を適量加えれば、爽やかなドレッシングになりますよ。

Rice & Noodle

～ご飯＆麺～

贅沢なステーキ丼仕立てから
牛だしで炊くシンプルなリゾットまで。
様々なスタイルで愉しめる
〆のレシピです。

ベトナム風豚つけ麺

ベトナム風 豚つけ麺

ブンチャーと呼ばれるハノイのつけ麺は、少し甘くて酸味爽やかなつけ汁が特徴。
たっぷりの香草と甘辛い豚肉と共にいただくのがお約束です。

材料
(4人分)

米粉麺(フォー)…200g

つけ汁
水…400㎖
ニョクマム…50g
砂糖…100g
酢…80g

A
- ニンニク(みじん切り)…1片
- 赤唐辛子(P95参照)…5g
- パクチー(ざく切り)…10g
- ライム(いちょう切り)…1/4個

肉団子
豚挽き肉…200g

B
- オイスターソース…小さじ2
- ナンプラー…小さじ2
- ニンニク(すりおろし)…小さじ2
- コショウ…ひとつまみ

サラダ油…適量

豚肩ロースのソテー
豚肩ロース…300g

C
- 砂糖…大さじ1と1/2
- ニョクマム…大さじ1
- ニンニク(すりおろし)…大さじ1/2
- オイスターソース…大さじ1/2

サラダ油…適量

D ベビーリーフ・パクチー・ミント…各適量

作り方

1 つけ汁を作る。鍋に水、ニョクマム、砂糖を入れ、沸騰したら火を止めて、酢を加え混ぜる。粗熱がとれたら🅐を加える。

2 肉団子を作る。豚挽き肉、🅑を混ぜ合わせ、3cm大に丸める。フライパンにサラダ油を熱し、中火で両面をしっかり焼いて中まで火を通す。

3 豚肩ロースのソテーを作る。豚肩ロースを厚さ5mmのひと口大に切る。フライパンにサラダ油を熱し、肉の片面を中火で焼く。🅒を加えて裏返し、強火に変えて煮汁にとろみがつくまで焼く。

4 米粉麺を沸騰した湯でさっと茹でる。冷水で洗ってザルに上げ、水気を切る。

5 器に **4**、🅓、**2**、**3**を盛り、別皿に入れた **1**を付けながらいただく。

1

温かいうちに赤唐辛子やライムを加えることで、程よく味が馴染みます。

2

脂がたくさん出てくるので、キッチンペーパーなどで吸い取りましょう。

牛ヒレご飯

牛ヒレ肉のステーキを豪快にのせたご馳走は喜ばれること請け合い。
仕上げのバターが少し溶けたぐらいが食べ頃です。

材料
(4人分)

牛ヒレ肉(ステーキ用)…300g
白米…2合
紫玉ネギ…70g
青ネギ…適量
水…370mℓ
塩・コショウ…各適量
サラダ油…適量
無塩バター…30g

特製ダレ
醤油…180mℓ
水…100mℓ
砂糖…100g
レモン汁…大さじ3
酒…大さじ1
赤ワイン…大さじ1
ショウガ(スライス)…3枚
黒コショウ…少々

作り方

1 特製ダレを作る。材料すべてを小鍋に合わせ、沸騰直前を保ちながら弱火で15分炊き、ひと晩寝かせる。

> 余った特製ダレは、ステーキソースのほか、野菜炒めなどにも使えます。

2 牛ヒレ肉を常温に戻し、塩・コショウを振る。熱したフライパンで表面を強火で焼きかため、弱火にして数分焼き、中はレアに仕上げる。

3 土鍋に白米、水、**1**の特製ダレ30mℓを合わせて炊き上げる。

4 フライパンにサラダ油を熱し、粗みじん切りにした紫玉ネギをしんなりするまで中火で炒める。

> 辛みが少なくて色味もキレイな紫玉ネギを使うことで、よりさっぱりとした仕上がりになります。

5 **3**の表面に**4**、小口切りした青ネギを敷き詰める。その上に幅2cmに切った**2**を並べ、中央に無塩バターをのせる。好みで**1**の特製ダレ大さじ1を回しかける。

プルコギ風ライスピザ

ワインの風味とレモンの酸味を利かせたプルコギをのせ焼いた、遊び心あるライスピザ。
〆の一品としてもおつまみとしても役立ちます。

材料
（8個分）

牛肉切り落とし…240g
ご飯…400g
Ⓐ 片栗粉…大さじ1/2
　 水…大さじ1

特製ダレ(P73参照)…90㎖
Ⓑ ピザ用チーズ…適量
　 ケチャップ…大さじ2
　 ミニトマト(スライス)…2個分
黒コショウ・パセリ…各少々

特製ダレを塗った面を焼くことで、食欲を刺激する香ばしさが生れます。

作り方

1 ご飯を50gの平らな丸型に成形する。

2 熱したフライパンに**1**を並べ、混ぜ合わせたⒶを刷毛で表面に塗る。強火で両面を焼き、上面に特製ダレ30㎖を塗って裏返す。

3 牛肉切り落としをサラダ油を熱したフライパンで強火で炒め、特製ダレ60㎖を加えてさらに炒める。

4 フライパンに入れたままの**2**に**3**をのせる。Ⓑを飾って蓋を閉め、チーズが溶けるまで中火にかけて器に盛り、黒コショウを振って刻んだパセリを散らす。

チーズがしっかり溶けて軽く焦げ目が付けば出来上がり。トースターやグリルで仕上げてもおいしくできます。

ウニクと旬野菜のピビンパ

最近"ウニク"と呼ばれるウニと牛肉の名コンビに、旬菜のナムルを合わせたリッチな丼。
しっかり混ぜ合わせてウニを全体に絡めながらいただくのがおすすめです。

材料
(2人分)

牛ロース肉(スライス)…2枚(160g)
ウニ…100g
酢飯…300g
ウド…50g
ゼンマイ(ボイル)…50g
ニンジン…1/4本
ラディッシュ…2個
芽ネギ…適量
塩・ゴマ油…各適量
牛脂…適量

ピビンバ味噌

ヤンニョンジャン(P94参照)…10g
白味噌…30g
煮切り酒…10g
ユズコショウ…5g

> 夏ならミョウガやシソ、冬なら大根などに替えてもおいしく作れます。

> ユズコショウの爽快な辛みと白味噌のこっくりとした甘みを利かせることで、味に深みが出ます。

作り方

1 ウドは長さ3cmに切って酢水(分量外)にさらしてアクを抜き、水気を切る。

2 ゼンマイはサッと湯がき、塩少々・ゴマ油で和える。

3 ニンジン、ラディッシュはせん切りして塩少々を振って10分ほど置き、水気を絞る。

4 フライパンに牛脂を溶かして牛ロース肉の両面を素早く焼き、塩をする。

5 器に酢飯を盛って**4**で覆う。**1〜3**を写真のように盛り付け、中央にウニを飾りピビンバ味噌を添える。

牛肉のチーズリゾット

コンビーフの煮汁で炊くリゾットは、塩コショウだけでも充分なおいしさ。
ブルーチーズとキムチを添えて、お酒にも合う個性的な味に仕上げました。

材料
(4人分)

白米…2合
牛肉切り落とし…80g
パルメザンチーズ…大さじ2
ニンニク…10g
EXVオリーブ油…大さじ3
コンビーフの煮汁
(P5参照。コンソメで代用可)…650㎖
ブルーチーズ・白菜キムチ(P94参照)…各適量
黒コショウ…各適量

作り方

1 フライパンにEXVオリーブ油、みじん切りしたニンニクを熱し、香りが出てきたら細かく刻んだ牛肉切り落としを炒め、白米を加えて中火で炒める。

2 1の米粒が透き通ってきたらコンビーフの煮汁を注ぎ、中火で煮る。

3 汁気がなくなってきたらパルメザンチーズを加えてよく混ぜる。

4 器に盛ってブルーチーズを散らし、刻んだ白菜キムチを中央に飾って黒コショウを振る。

> 食感を出したいので切り落としを刻みましたが、牛モモ肉でも大丈夫です。

> 黒コショウは挽き立てをたっぷりと。味がグッと締まります。途中で味を変える役割にもなる白菜キムチはピクルス感覚でのせてみました。

Salad

～サラダ～

白・黄・赤・青（緑）・黒をキーカラーに。
MEAT DISHのお供として
バランスよく野菜も摂れる
カラーサラダを考えてみました。

サンチュと生ハムの塩サラダ

ものすごく簡単だけど、なんだかハマるシンプルなおいしさ。
エゴマ油の芳ばしい香りとレモン汁の酸味が食べ飽きない工夫です。

材料
（4人分）

サンチュ…12枚
生ハム…20g
塩…少々
エゴマ油…大さじ2
レモン汁…適宜

作り方

1 サンチュを食べやすい大きさにちぎってボウルに
　入れ、ひと口大に切った生ハムと合わせる。

2 塩を振ってエゴマ油を絡め、器に盛る。好みでレモ
　ン汁をかける。

生ハムの塩気に合わせ
て、塩の量は調整を。好
みで黒コショウを振る
と、より味が締まります。

カラフルトマトとラディッシュの
ヨーグルトサラダ

ライタと呼ばれる、クミンを利かせたインドのヨーグルトサラダのアレンジ。
彩り豊かなカラフルトマトを使って、華のあるビジュアルに仕上げました。

材料
（4人分）

カラフルトマト…20個
ラディッシュ…10個

A
- ヨーグルト（無糖）…200g
- 塩・コショウ…各少々
- クミン（パウダー）…小さじ2/3

作り方

1 カラフルトマトは湯剥きし、ラディッシュは半分に
切って軽く塩を振る。

2 1を**A**で和える。

3 2を器に盛る。

> 時間が経って汁気が出るとおいしくないので、作り置きは NG。できるだけ出来立てを味わいましょう。

Extra Recipe **Salad** ～サラダ～

Salad-❸

コリンキーとグレープフルーツの ビネガーサラダ

生食できるカボチャ・コリンキーのパリッとした食感を生かしたサラダ。
グレープフルーツのほのかな苦みが爽やかです。

材料
（4人分）

コリンキー…200g
グレープフルーツ…2個

Ⓐ
EXVオリーブ油…60㎖
酢…30ml
塩…小さじ1
コショウ…少々
グレープフルーツ果汁…大さじ2

ミントの葉…適量

パリッとした食感を愉しめるように、コリンキーはなるべく薄めにスライスしましょう。

作り方

1 コリンキーを長さ5cmにスライスする。グレープフルーツは房から外してひと口大に切る。

2 1をⒶで和えて器に盛り、ミントの葉を散らす。

時間が経つと水気が出てきますが、そのまま冷やして汁ごといただいてもおいしく味わえます。

ジャガイモと白髪ネギのナムル風

ジャガイモとネギを主役にした、真っ白の印象深いビジュアル。
ボリュームのある肉料理の箸休めにピッタリの味わいです。

材料
(4人分)

ジャガイモ…大2個
白髪ネギ…1本分

 A
ニンニク(すりおろし)…小さじ1/3
塩…小さじ1/2
コショウ…小さじ1/2
EXVオリーブ油…大さじ2

作り方

1 ジャガイモをせん切りにし、沸騰した湯で30秒ほど茹でてザルに上げ、流水で粗熱をとる。

2 ボウルに移して白髪ネギを加え、**A**で和えて器に盛る。

> シャキシャキ感を生かしたいので茹ですぎに注意。茹で上がったらすぐに冷やしましょう。

2

> 白コショウは香りよりも旨みを添える役割。たっぷり振ることで味に深みが出ます。

黒キムチ

イカキムチをイカスミで和えた、ユニークなイカの共和え。
レモン汁の爽やかな香りを利かせ、キュウリを食感のアクセントにしました。

材料
(4人分)

Ⓐ
イカキムチ(P95参照)…80g
イカスミペースト…4g
キュウリ(乱切り)…1本
レモン汁…1/2個分

韓国のり…1/2枚
すりゴマ(黒)…適量

作り方

1 Ⓐをボウルに合わせ、15分ほどおく。

2 ちぎった韓国のりを加え混ぜて器に盛り、すり
ゴマを振る。

素麺を和えても、日本酒や焼酎に合うつまみになります。

Asian Food

～特選アジア食材～

李朝園が取扱っているなかでも、
特におすすめの食材を紹介します。
本書のレシピでもよく使われているので、
ぜひお試しください。

Asian Food ～特選アジア食材～

＜食材に関する問合せ＞

TEL 0120-489-962

Mail　contact@richouen.co.jp

①サンチュ

韓国料理に欠かせない葉野菜。大阪の自家菜園で栽培するサンチュは、輸送まですべて大阪の自社で管理するこだわりの品。通常よりかなり大判で葉も厚く、それでいてやわらかな食感が魅力です。

②ヤンニョンジャン

粉唐辛子に醤油、ゴマ油などをブレンドして練り上げた万能辛味ダレ。鍋物や炒め物などの味付けに使えます。

③コチュジャン

粉唐辛子、白味噌、合わせ味噌、水あめをじっくり練り合わせながら炊き込んだオリジナル調味料。化学調味料無添加です。

④中粗唐辛子

大阪市内の自社工場で製粉する、キムチ用唐辛子。甜椒（テンジョオ）と北京紅（ベイジンホン）の2種の唐辛子のブレンドで、香り高く辛みは控えめ。品のよい甘みがあるので、料理にも活用できます。

⑤粉唐辛子

調味用の中国産粉唐辛子。かなりきめが細かく、香りは穏やかなしっかり辛口タイプ。仕上げのひと振りに使うのがおすすめです。

⑥白菜キムチ

長野や茨城の契約農家から毎朝直送される白菜で作る看板商品。昆布やカツオのだしをベースに、長野県産リンゴでほのかな甘みを、干しエビで濃厚な旨みを出して、特製キムチダレに漬けた甘口タイプです。化学調味料無添加。写真は特におすすめのひと株漬けですが、使いやすい刻みタイプもあります。

⑦チヂミ粉

小麦粉・砂糖・食塩などを独自にブレンドしたチヂミ用ミックス粉。水と卵、好みの肉や野菜を加えるだけで、カリもっちりとしたチヂミが簡単に作れます。

⑧タコキムチ

タコの塩辛をキムチダレで和えた海鮮キムチ。プリプリとした食感で、クセになる濃厚な味わい。ご飯のお供にも最適で、チヂミの具材としても使えます。

⑨トッポギ

うるち米粉100％の韓国餅。歯切れがよく、煮込んでも崩れたり溶けたりしないのが特徴。鍋物やスープに入れるほか、炒め物にも重宝します。

⑩赤唐辛子

長さ 10 数cmもある大きな唐辛子は、金塔と呼ばれる中国産。華やかな香りと強い辛みが特長で旨みもあるので、粉砕してキムチ作りに使うほか、炒め物や煮込みの風味付けにも重宝します。

※本書レシピ内の赤唐辛子の分量は、市販の通常サイズを目安にしています。

⑪韓国のり

ゴマ油と塩でシンプルに味付けたのりは、油で炒られているためサクサクとした食感。香ばしく塩気強めなので調味料感覚でサラダなどの仕上げに使えます。

⑫梅エキス

紀州産の良質な南高梅と砂糖を合わせて寝かせ、じっくり熟成させた梅シロップ。水や炭酸水で4〜5倍に希釈してドリンクとして楽しむほか、砂糖やみりんのような感覚で煮込み料理や肉の炒め物に使えます。まろやかな甘みと梅の香りがほのかに漂うので、料理の味に深みが出ます。

⑬イカキムチ

イカの塩辛をキムチダレで和えた海鮮キムチ。クセになる弾力とコクのある味わい。マッコリなどの酒のつまみにぴったりです。

⑭チャンジャ

新鮮な真ダラの内臓を塩漬けした後、辛めのヤンニョンジャンで和えたもの。クニクニとした食感で、噛むごとに穏やかな旨みが口に広がります。

⑮パクチー

セリ科の1年草で、香菜（シャンツァイ）やコリアンダーとも呼ばれる、タイ料理でお馴染みの香草。爽快感のある個性的な香りが特徴で、年々日本での人気が上昇中。李朝園では自社で高床砂栽培を行っており、農薬散布不使用。鮮度と香りのよさに強く自信を持っている商品です。

⑯エゴマの葉

シソ科植物・エゴマの葉は韓国から直送したものを扱っています。パリッとした食感で、独特の爽やかな香りが特徴。ご飯や豚肉を巻いていただくのが基本ですが、サラダに混ぜたり、鍋物や汁物の薬味としても使えます。

Recommended Recipe
~アジア食材を使ったおすすめレシピ~

手作りラー油

作り方

1 白ネギ1本を長さ5cmに切り、ニンニク2片はスライスする。

2 フライパンにサラダ油200㎖、中粗唐辛子大さじ1と1/2、1を合わせ、中火で加熱する。

3 中粗唐辛子が黒っぽくなり始めたら火を止め、そのまま冷ます。漉して保存瓶に注ぐ。

※冷暗所で約1カ月保存可能。

著者

吉川 創淑
よしかわそうしゅく

THE MEAT DISH
~バル的スマート肉レシピ~

発行日　2019年8月29日　初版発行

著者　　　吉川 創淑
　　　　　よしかわ そうしゅく
発行人　　早嶋 茂
制作代表　永瀬正人

発行所　　株式会社 旭屋出版
〒160-0005
東京都新宿区愛住町 23-2　ベルックス新宿ビルⅡ 6階
郵便振替　00150 - 1 - 19572
TEL　03-5369-6423（販売）／ 03-5369-6424（編集）
FAX　03-5369-6431（販売）／ 03-5369-6430（編集）
URL　http://asahiya-jp.com

撮影協力　　　　　映フードサービス株式会社
撮影　　　　　　　石丸直人（株式会社キミノメ）
デザイン　　　　　矢野晋作（yanodesign）
編集　　　　　　　川島美保
スタイリング　　　森 映子
バック紙制作　　　バックグラウンドプロップス（株式会社キミノメ）
料理アシスタント　井上恵太
　　　　　　　　　池原年智
　　　　　　　　　金 尚樹
制作　　　　　　　土田 治

印刷・製本　凸版印刷株式会社

Profile

1972年大阪生まれ。李朝園株式会社代表取締役。料理研究家、フードコーディネーター。大学卒業後に家業であるキムチ製造業を手伝い始め、独自のキムチレシピを考案。2005年からさまざまな業態の韓国料理店の経営を手がけ、2011年には韓国宮中飲食研究所で韓国薬膳マスターなどを修了。2017年からは韓国料理にとらわれない幅広いジャンル・テーマの料理教室を大阪・上本町の『スタジオ・ロータス』で随時主催しており、からだに優しい料理の普及に励んでいる。

李朝園 りちょうえん

大阪を中心に店を構えるコリアンダイニング『李朝園』17店舗のほか、お茶と餅菓子の店『タモカフェ』、ホルモン料理専門店『浪花ホルモン280』、焼肉『李朝園』など、韓国料理を主軸にした飲食店を幅広く展開。無添加のかつお節と乾燥させたオキアミを使って作るオリジナルキムチのほか、季節野菜のキムチや冷麺などの自家製食品、調味料などの韓国食材の通販も手がける。

●李朝園株式会社
大阪市平野区加美北 4-1-4
TEL 00-0701 2222
URL http://www.richouen.co.jp

＜料理教室に関する問合せ＞
0120-489-962